LA LOI ROUSSEL

DES AMÉLIORATIONS A APPORTER

AU

CONTRÔLE DE L'ÉLEVAGE

RAPPORT MORAL & ADMINISTRATIF

PAR

MME J. O. VEIL-PICARD
Présidente de la Société Maternelle
parisienne « La Pouponnière ».
Institut de Puériculture

LE DR HENRI SERGENT
Médecin du Ministère de l'Intérieur.

PARIS

G. STEINHEIL, ÉDITEUR

2, RUE CASIMIR-DELAVIGNE, 2

1913

LA LOI ROUSSEL

DES AMÉLIORATIONS A APPORTER

AU

CONTRÔLE DE L'ÉLEVAGE

RAPPORT MORAL & ADMINISTRATIF

PAR

Mᵐᵉ J. O· VEIL-PICARD
Présidente de la Société Maternelle
parisienne « La Pouponnière ».
Institut de Puériculture

LE Dᴿ HENRI SERGENT
Médecin du Ministère de l'Intérieur.

PARIS

G. STEINHEIL, ÉDITEUR

2, RUE CASIMIR-DELAVIGNE, 2

1913

DES AMÉLIORATIONS A APPORTER

AU

CONTRÔLE DE L'ÉLEVAGE

La crise de la dépopulation inquiète douloureusement ceux qui ont la responsabilité des destinées du pays. Aussi, législateurs, économistes, sociologues, hygiénistes et médecins ont-ils depuis longtemps entrepris de mettre le pays en garde contre sa fatale et lamentable déchéance. Tout ce qui a été publié par des savants autorisés nous permet de ne point refaire, avec des statistiques, l'historique des causes et des effets du recul de la race française. Au surplus, notre travail doit se borner à l'étude des améliorations à apporter au contrôle de l'élevage.

Lorsque la guerre de 1870 diminua si cruellement nos forces nationales, une élite prit à cœur de les régénérer en réalisant des écono mies de vies humaines.

Sachant que les enfants en bas âge, privés de soins maternels et livrés à l'industrie nourricière, sont les plus menacés de mort et de maladie, c'est sur les dangers de cet élevage mercenaire qu'un médecin, Théophile Roussel, attira plus particulièrement l'attention des Pouvoirs publics.

Ce fut ainsi, qu'en qualité de député, Théophile Roussel obtint, le 23 mars 1874, le vote d'une loi de protection de l'enfance du premier âge. De ce jour, la France put se glorifier d'avoir établi les bases d'une œuvre admirable de justice et d'humanité.

Et cependant, suivant le sort commun à tous les précurseurs, Théophile Roussel et ses adeptes ne trouvèrent pas assez d'émules pour

TABLE DES MATIÈRES

Imp. BONVALOT-JOUVE, 15 rue Racine, Paris.

donner à leur entreprise nouvelle l'amplitude des moyens que nécessite une lutte contre l'ignorance et l'indifférence des masses. Leurs efforts, soutenus surtout par l'action énergique et bienfaisante de M. Paul Strauss, ont néanmoins abouti à des résultats heureux et justement appréciés; mais, continués, ces efforts font précisément apparaître que le fonctionnement de la loi tutélaire de 1874 n'est plus conforme aux progrès de l'hygiène et de la science médicale, non plus qu'en harmonie avec notre état social actuel; c'est pourquoi, malgré le contrôle officiel établi, l'élevage confié aux gardeuses professionnelles jouit auprès de tout médecin puériculteur d'un discrédit notoire.

Pourtant, ce n'est pas tant aux imperfections de la loi que sont dus tous les méfaits imputés à l'élevage mercenaire, mais bien plus à l'absence des voies et moyens rendant possible l'observation stricte des prescriptions édictées par la loi et par le règlement d'Administration publique (2 février 1877).

Qu'en résulte-t-il ?

Dévouée à sa mission, l'Administration de l'assistance et de l'hygiène publiques soutient vaillamment le combat; mais incomplètement armée, elle est sans cesse contrainte de battre en retraite devant un terrible ennemi. Et l'ennemi ne se présente pas toujours, comme on pourrait le croire, sous la forme d'une ignorante et vénale gardeuse professionnelle. Non, l'ennemi se présente sous la forme déconcertante des mille contingences qui rendent impossible l'accomplissement d'un mandat particulièrement ingrat. Alors, il est fait place à la tolérance, fatalement accompagnée du cortège des regrettables abus. Ceux que la loi assujettit plus ou moins bien se démoralisent, la tolérance leur est prétexte pour violer la loi et y introduire la fraude.

Plus la loi est sévère, et peu souple dans sa réglementation, plus ceux qui sont contraints de la subir cherchent à s'y soustraire.

Donc, pour mettre fin aux abus inévitables, il faut une organisation méthodique, aux rouages souples et pratiques, étendant leur action du simple au complexe pour bien s'adapter à des circonstances indéfiniment variables.

Tant qu'on persistera à promulguer des lois issues d'une science trop livresque, tant que le législateur ne complétera pas son œuvre tutélaire en collaboration avec ceux qui ont vécu au contact des réalités, autant se perpétueront erreurs et méfaits dont l'enfant est la touchante victime.

Convaincus de cette vérité, nous avons cherché à connaître intimement tous ceux qui dépendent ou bénéficient de la loi Roussel. Nous avons entendu les griefs des uns et les raisons des autres.

Juges impartiaux en cette occurrence, nous avons trouvé des motifs suffisants pour condamner tous les plaidants, mais non sans leur accorder des circonstances atténuantes.

L'enfant lui-même, objet muet de nos débats, fut reconnu coupable, et cela, par les médecins justement chargés de sa défense. En effet, leur innocent client n'a-t-il pas tort de naître trop souvent prématuré, débile ou affligé de tares héréditaires.

Cette instructive enquête nous laisse persuadés que, pour parfaire l'œuvre si généreuse de Théophile Roussel, il est nécessaire de la modifier non seulement dans le sens des améliorations déjà proposées au sein des Congrès antérieurs et à l'Académie de médecine, mais encore dans le sens des récents progrès mis à la portée de la science médicale et sociale.

Nous allons donc présenter l'ensemble de ces améliorations; afin de procéder avec méthode, nous suivrons l'ordre des articles de la *loi* et nous ferons une analyse critique des paragraphes sujets à révision ou à complément. Cette analyse sera suivie, soit d'un exposé de modifications à introduire dans le texte même de la *loi*, et que nous résumerons sous forme de *conclusions*, soit de projets susceptibles de combler quelque lacune et que nous présenterons sous forme de *vœux*, soit simplement sous forme *d'observations*.

Article Premier. — MODIFICATIONS.

La loi actuelle comprend deux mots qui ont été souvent discutés. Elle dit que tout enfant placé, moyennant salaire, en nourrice, en sevrage ou en garde, devient par ce fait l'objet d'une surveillance de l'autorité publique. Ce sont ces deux mots: *moyennant salaire* qui trop souvent aident à violer la loi.

Il est nécessaire d'étendre l'inspection médicale aux enfants des nourrices sur lieu. Lorsqu'ils sont placés chez leurs grands-parents, ils échappent actuellement à la surveillance de la loi.

Les ascendants prétendent ne pas recevoir d'argent pour que l'enfant échappe au service d'inspection. Les salaires sont faibles ou arrivent irrégulièrement et les enfants ne sont trop souvent soignés que d'après les subsides envoyés. Que de fois, quand les salaires font défaut, les grands-parents témoignent-ils leur joie si l'enfant, qui est à leur charge, vient à décéder.

Il faut que le nouveau texte de la loi fasse entendre que tout enfant séparé de ses père et mère devient, par ce fait, l'objet d'une surveillance.

CONCLUSION

Tout enfant, âgé de moins de 2 ans, placé en nourrice, en sevrage ou en garde, *hors du domicile* de ses père et mère ou tuteur légal, devient, par ce fait, l'objet d'une surveillance de l'autorité publique, ayant pour but de protéger sa vie et sa santé.

La même surveillance s'applique à tout enfant dont la mère a bénéficié de l'Assistance médicale gratuite ou de l'Assistance maternelle.

ARTICLE PREMIER (*suite*). — **PROJET.**

La loi n'a prévu aucune disposition à prendre pour une visite médicale de l'enfant avant sa remise à la nourrice. Ce manque de précaution cause à lui seul les pires désastres. Pour les éviter, ne pourrait-on avoir recours aux mesures suivantes :

Avant le placement, tout enfant serait soumis à une visite médicale.

L'enfant suspect d'affection héréditaire ou de maladie contagieuse serait dirigé sur un hôpital, ou soigné au domicile de ses parents.

Le placement de l'enfant, né débile ou prématuré, et dont le transport offrirait un danger, surtout à l'époque des grands froids et fortes chaleurs, sera retardé. Si la famille est dans l'impossibilité de soigner et garder le petit être chétif, celui-ci devra être admis d'urgence dans un service spécial « Infirmerie temporaire » excluant toute maladie contagieuse et assurant à l'enfant les soins nécessaires à son développement normal. Un modèle d'Infirmerie temporaire a été fondé en 1908, à Porchefontaine (Seine-et-Oise) par la Société maternelle parisienne qui a annexé ce service à celui de sa Consultation de nourrissons.

L'institution de services semblables a été demandée par M. le professeur Marfan (conférence du 19 juin 1912); par M. le professeur Landouzy sous le nom d'Infirmerie-nourricerie (rapport présenté le 19 février 1913 à la Commission de dépopulation instituée au Ministère des Finances); par le docteur Variot sous le nom de Crêche aseptique.

Pour les enfants assistés, le Conseil général de la Seine a créé à Châtillon une station intermédiaire entre l'hospice dépositaire et le placement. Il nous paraît indispensable de multiplier ces services, et pour en faciliter une mise en œuvre pratique, nous envisageons la possibilité de les annexer sans trop grands frais :

1° A des asiles de convalescence, repos après couches où la présence de nourrices au sein faciliterait la tâche du médecin;

2° A des consultations de nourrissons possédant une installation particulière comme celle de Porchefontaine.

Il pourrait être demandé aux familles une participation à l'élevage, participation équivalente aux taux ordinaire du placement en nourrice.

VŒUX

Que *tout enfant* destiné à l'élevage mercenaire soit *soumis avant son placement à une visite médicale.*

Que les *transports périlleux* soient *retardés*, et qu'en cas de nécessité les prématurés, les débiles et les nourrissons atteints d'affection héréditaire ou maladie contagieuse, soient dirigés *sur les services spéciaux.*

ARTICLE II. — **OBSERVATIONS**

Comité départemental.

Le Comité départemental assiste le Préfet qui doit veiller à l'exécution de la loi. Il est chargé d'étudier et de proposer les mesures à prendre. Il est composé de deux membres du Conseil général (désignés par ce Conseil), de l'Inspecteur des enfants assistés et de six autres membres nommés par le Préfet, dont un pris parmi les administrateurs des Sociétés légalement reconnues, qui s'occupent de l'enfance.

Dans la plupart des départements, le Comité départemental régulièrement constitué, est convoqué une fois par an à la veille du Conseil général. Il écoute la lecture du rapport de l'Inspecteur départemental et examine les questions générales d'organisation du service et même le fonctionnement journalier.

Il est désirable qu'à ce Comité soient adjoints un médecin inspecteur du service de la Protection, désigné par le Préfet ; des présidents d'œuvres de Charité privée et des membres de Commissions administratives des Établissements hospitaliers, des bureaux de Bienfaisance et des bureaux d'Assistance.

ARTICLE II (*suite*). — **MODIFICATIONS**

Commissions locales.

Elles comprennent : le Maire, président, deux mères de famille et le Curé. Dans les communes où siège un Conseil presbytéral, ou un consistoire israélite, chaque conseil est représenté par un délégué. Depuis longtemps ce rouage a disparu ; il serait désirable qu'on le fît revivre, comme auxiliaire de l'Administration pour la visite sur place des nourrissons. Peut-être devrait-on ne constituer qu'une commission par circonscription médicale ou par canton. Le Médecin Inspecteur en ferait partie de droit, et non plus seulement avec voix consultative.

CONCLUSION

Que, si l'on fait revivre les Commissions locales, le *médecin Inspecteur en fasse partie de droit* et non plus seulement avec voix consultative.

ARTICLE II. — **PROJET**

Commissions locales (suite).

Le service des inspections (visites sur place) devrait être confié à des délégués spécialement préparés à leur fonction, c'est-à-dire, à des femmes munies d'un diplôme d'enseignement ménager et ayant accompli un stage dans une des Institutions de Puériculture nouvellement créées et qui décernent des certificats après examen.

Les délégués auraient pour mission d'éduquer la nourrice, de veiller sur l'hygiène de l'habitation et d'exercer d'accord avec les renseignements fournis par le Médecin Inspecteur une surveillance bienfaisante pour l'enfant et réconfortante pour la nourrice.

Quand la pauvreté laisserait la gardeuse dénuée du matériel nécessaire à l'élevage, la Commission locale pourrait faire appel à l'initiative privée pour dons de berceaux, baignoires, thermomètres, layettes, etc.

Si l'on veut obtenir le bien-être de l'enfant et l'obéissance à la loi il est indispensable de mettre l'éleveuse en mesure de répondre aux prescriptions édictées.

VŒU

Que pour obtenir des nourrices *l'obéissance à la Loi*, des personnes qualifiées fassent leur *éducation* et que le principal *matériel nécessaire à l'élevage* ne fasse pas défaut.

ARTICLE III. — **OBSERVATIONS**

*Comité supérieur de Protection des Enfants du premier âge,
au Ministère de l'Intérieur.*

Ce Comité a pour mission de réunir et de coordonner les documents
transmis par les comités départementaux. Tous les ans, il établit un
rapport sur les travaux de ces comités, sur la mortalité des enfants
et les mesures à prendre pour assurer et étendre les bienfaits de la
Loi. Il propose enfin des récompenses honorifiques pour ceux qui se
sont distingués par leur dévouement et leurs services.

Il est à désirer que les *rapports* de ce comité soient *publiés régulièrement.*

ARTICLE IV. — **OBSERVATIONS**

Rapport du Ministre de l'Intérieur au Président de la République.

Aux termes de l'article 4 de la Loi du 23 décembre 1874, sur la
protection des Enfants du premier âge, le Ministre de l'Intérieur
adresse chaque année au Président de la République un rapport officiel sur l'exécution de la Loi.

Cette prescription semble avoir été presque constamment perdue
de vue, et, depuis la promulgation de la Loi, le rapport prévu à
l'article 4, n'a été fait qu'en 1880, en 1882, en 1885, en 1909 (*Officiel*
du 2 janvier 1910 se rapportant à 1905), en 1911 (*Officiel* du 10 mars
1911 pour 1907 et 1908), le 22 mars 1912 (*Officiel* du 2 avril 1912
pour 1909).

Il est indispensable que ce rapport soit publié avec plus de régula-
rité et permette de mieux suivre les effets de la Loi de 1874.

ARTICLE IV (*suite*). — **PROJET**

La statistique publiée annuellement par le Ministère de l'Intérieur,
et concernant particulièrement les enfants bénéficiaires de la Loi, a

été l'objet de vives critiques mettant en doute la sincérité des chiffres établis qui, pour les enfants protégés, accusent une mortalité de beaucoup inférieure à la mortalité générale.

Avec sa loyauté coutumière, et son ardent souci de la haute tenue de ses services, M. Mirman, Directeur de l'Assistance et de l'Hygiène publiques, a voulu que le Conseil supérieur de l'Assistance publique apprécie l'erreur commise, et voici comment il s'exprime : « En ce qui concerne la mortalité des enfants protégés, nous ne pouvons que comparer aux nombres des enfants soumis à la protection pendant l'année, le nombre des décès constatés parmi ce groupe durant la même période » et M. Mirman démontre que les chiffres doivent être nécessairement beaucoup moins élevés que ceux de la mortalité générale, parce qu'ils ne comprennent ni les décès d'enfants morts avant d'avoir pu être placés en nourrice, ni les décès de ceux qui, pour raison de santé, ont été repris de nourrice par leurs parents.

Les éléments de la mortalité générale et de la mortalité des enfants protégés ne sont donc pas comparables. Afin d'atteindre un résultat de comparaison « nos critiques, dit M. Mirman, nous ont demandé de rechercher et de compter les décès se produisant un certain temps après la rentrée des enfants » et il prouve la difficulté et l'inutilité de la recherche de ces décès, parce que pour les raisons déjà énoncées cette statistique, ainsi rectifiée, ne pourrait encore être comparable à celle de la mortalité générale (voir *Revue Philanthropique*, n° du 13 janvier 1913).

Nous approuvons les justes observations de M. Mirman, et nous ajouterons que la mort d'un enfant survenant quelque temps après retrait ne saurait être, dans tous les cas, imputable au service de la protection et voici pourquoi :

1° Le retour dans la famille ou l'admission dans un hôpital fait subir à l'enfant un voyage qui, entrepris en dépit de toute distance et de toute saison, cause presque toujours une aggravation morbide susceptible d'occasionner la mort ;

2° L'enfant rentré dans la famille y trouve rarement les conditions nécessaires à son rétablissement ;

3° L'enfant admis à l'hôpital pour une affection du tube digestif, des voies respiratoires, etc., ne meurt pas toujours des suites de la maladie ayant motivé son retrait, mais d'une nouvelle maladie contractée à l'hôpital même.

En vue d'apporter à la statistique détaillée de la mortalité infantile un correctif, ne serait-il pas désirable d'établir la statistique de la *morbidité* des enfants retirés en cours d'élevage, et dont les recherches seraient facilitées par l'introduction d'un feuillet dans le livret de nourrice et répondant aux questions suivantes, datées et signées par le Médecin Inspecteur.

A) Nombre de Journées de Présence... Date d'entrée dans le service... Date de la sortie...

B) Motifs du Retrait : 1° pour limite d'âge ; 2° pour soins insuffisants ; 3° pour maladie (son genre); 4° pour cause de..., etc...

VŒU

Que la *statistique* détaillée de la *Mortalité infantile* soit complétée par la statistique de la *morbidité des enfants retirés en cours d'élevage* aux nourrices, gardeuses ou éleveuses, et qu'il soit de ce fait ajouté au carnet de la nourrice un feuillet indiquant la date d'entrée et de la sortie du service ainsi que le motif du retrait.

ARTICLE IV (*suite*). — OBSERVATIONS ET PROJET

Nous attachons une importance capitale à cette source d'informations qui, consciencieusement données, éveilleraient dans la conscience nationale le devoir de consentir à la préservation de la race humaine des sacrifices qui ne sont point refusés au perfectionnement de la race animale.

Actuellement, le mot retrait n'est significatif que pour quelques initiés : médecins, inspecteurs, médecins des hôpitaux et parents cruellement éprouvés.

L'intérêt général commande d'éclairer les masses, de leur démontrer les dangers d'un élevage à bas prix.

Si dans les classes laborieuses, la mère a trop souvent recours à l'élevage mercenaire, c'est parce qu'elle est trompée de toutes parts.

Agences de placement, personnel subalterne des maternités s'ingénient à persuader les jeunes accouchées de l'excellence des résultats que donne un élevage peu coûteux à la campagne et se soldant à 25,30 ou 35 francs au plus. Pour donner une force à ce raisonnement, on s'arme de la publication des statistiques officielles du service de la Protection de l'enfance et incomplètement reproduites dans les journaux.

En effet, ces documents incomplets ne signalent ni le motif ni le nombre des retraits, et ils accusent ainsi pour les enfants protégés par la Loi Roussel une mortalité moyenne de 5 et demi à 8 p. 100. Comparativement à ces chiffres on peut montrer la statistique officielle de la mortalité générale des enfants de 0 à 2 ans qui, pour les grandes villes varie entre 14 et 16 p. 100.

Et voici les conséquences tirées de semblables arguments par l'esprit simpliste de la mère :

1° Le salaire de mon travail, hors du domicile, étant bien supérieur au prix exigé par les nourrices *j'ai avantage à me séparer de l'enfant.*

2° La mortalité des enfants protégés étant inférieure de beaucoup à celle des enfants élevés dans leur famille, je dois en conclure que les femmes habituées à élever des enfants sous le contrôle de la Loi avec du bon lait et l'air vivifiant des campagnes s'acquittent merveilleusement de leur tâche.

Qu'on aille donc, après cela, convaincre les mères de leur devoir naturel et que la séparation est pour l'enfant un danger de mort ou de terrible perturbation physique.

Nous avons assez de confiance dans l'amour maternel pour croire que si l'ignorance était mieux combattue ceux qui exploitent l'industrie nourricière verraient leurs bénéfices sensiblement diminués.

C'est surtout l'esprit et le cœur des nouvelles accouchées qu'il faudrait influencer, dans le moment précis où par l'obligation de la mise au sein, les services de la maternité éveillent l'instinct maternel.

La plupart des mères ne connaissent rien des méfaits de l'élevage mercenaire et de l'allaitement artificiel.

Elles sont trop peu ou mal instruites des efforts tentés par la bienfaisance (telles les entreprises des Mutualités Maternelles, Consultations de Nourrissons, Gouttes de Lait, OEuvre de l'allaitement Maternel et de la Charité Maternelle, Cantines, Crèches, etc.) pour que l'enfant soit conservé au foyer et préservé de tout danger par l'allaitement maternel.

L'intervention des Pouponnières, assurant l'allaitement au sein à des enfants que les circonstances inéluctables de la vie séparent de leurs mères, est encore peu connue et même combattue par les intéressés à l'exploitation de la mise en nourrice. Pour prouver l'action efficace des « Pouponnières » nous publions à dessein, à la fin de ce rapport, un tableau comparatif de la mortalité au point de vue pathologique des enfants protégés par la Loi de 1874 et des enfants élevés à la « Pouponnière » de l'Institut de Puériculture de Porchefontaine.

L'éloquence des chiffres présentés par le Docteur Raimondi, Directeur des services de l'Institut de Porchefontaine, prouve que sur 16 genres de maladies sévissant en nourrice et ayant occasionné les décès connus, 12 de ces genres de maladies sont épargnés aux pensionnaires de Porchefontaine et 4 seulement ont occasionné des décès.

Quant aux femmes abandonnées, sans foyer ni ressources, savent-elles pourquoi et comment la Charité intervient avec les Asiles d'allaitement afin d'empêcher le crime de lèse-maternité ?

De tout temps la situation douloureuse de ces mères et de ces enfants a suscité la pitié. Tout récemment, dans *Mirabeau*, M. Louis Barthou, auteur de ce captivant et magistral ouvrage, commente un *Traité de la Population* écrit par le marquis de Mirabeau et s'exprime ainsi : « Il n'en aura pas moins bien vu en demandant des établissements nombreux pour que les filles-mères puissent y faire recevoir et élever leurs enfants. » Il va plus loin : il veut « qu'en sortant si elle est nécessiteuse, elle reçoive 19 écus pour prix du présent qu'elle a fait à l'État ».

A ce sujet, rappelons qu'en 1908, au Congrès de Reims, M. Mesureur, signala l'entente qui s'est établie entre l'Assistance Publique de Paris et la Société Maternelle Parisienne « La Pouponnière ».

De cette importante communication nous donnons l'extrait suivant :

« La Pouponnière » vint me dire : Donnez-nous un certain nombre de vos mères, nous les hospitaliserons dans notre Asile d'Allaitement. Là non seulement elles élèveront leurs enfants dans de bonnes conditions, mais elles aideront à nourrir et à élever d'autres nourrissons et le secours que vous leur accorderez deviendra une épargne que ces femmes retrouveront au bout de huit mois ou d'un an passés à la Pouponnière.

« J'ai voulu, de concert avec la bienfaisance privée, créer un exemple que je crois bon et qui donne d'excellents résultats. Des mères accouchées par l'Assistance Publique, sont allées à la Pouponnière de Porchefontaine, elles y ont reçu une éducation morale admirable, puisque beaucoup de ces mères avaient des enfants abandonnés dans nos services et déjà dans l'espace d'un an, six de ces enfants ont été réclamés et rendus à leurs mères. Nous avons ainsi obtenu un triple résultat. Pour l'enfant qui n'a pas été abandonné et a été nourri par sa mère ; pour d'autres enfants qui ont été élevés par ces nourrices ; et pour les mères un résultat moral considérable puisqu'on a fait d'elles des femmes honnêtes, désireuses de garder leur enfant et même parfois de reprendre ceux qu'elles avaient abandonnés. »

Étant donné cet exemple, ne serait-il pas logique de favoriser l'extension des *Asiles d'allaitement ?* Il faudrait qu'un jour toute mère nourrice délaissée, désireuse d'élever son enfant, trouve un abri sûr où, en échange de l'hospitalisation, de l'aide morale, physique et matérielle qui lui seraient offertes, elle aurait pour mission d'élever des enfants séparés de leur mère ou des enfants abandonnés, dont l'Assistance publique a toute la charge. Ces établissements deviendraient au surplus des *Centres d'enseignement pour la Puériculture.*

Les futures institutrices, élèves des écoles normales et les médecins pourraient y accomplir des stages pour s'instruire dans l'art de l'élevage de la race humaine et donner ainsi à la science nouvelle « la puériculture » un domaine d'action rayonnante. Ce fut là le vœu d'admirable prescience exprimé à l'Académie de médecine par M. le professeur Pinard, et adopté par la docte compagnie.

N'oublions pas que, morbidité et mortalité sévissent le plus parmi les enfants illégitimes qui encombrent les hôpitaux, les sanatoria et peuplent les cimetières alors qu'ils pourraient peupler les campagnes et enrichir le pays.

Ne désespérant pas du bon sens et du patriotisme français, nous estimons que pour mieux les atteindre il faut faire en faveur de l'hygiène et du sauvetage de l'enfance une propagande soutenue que la parole mieux que les écrits fera féconde.

VŒU

Qu'il soit organisé des cours ou conférences populaires :

a) Dans les mairies ; *b*) dans les maternités (aux nouvelles accouchées).

Les conférenciers seraient obligés de suivre un programme adopté par le ministère de l'Intérieur, par exemple :

Dangers de séparer l'enfant de sa mère ;

Dangers de l'allaitement artificiel ;

Dangers du placement en nourrice. Garanties qu'offre la loi et pénalités édictées ;

Indiquer les œuvres d'hospitalisation, de secours d'allaitement ;

Expliquer l'intervention des consultations de nourrissons ; Gouttes de lait ;

La prévoyance par la Mutualité maternelle.

ARTICLE 5. — OBSERVATIONS

Inspecteur départemental.

Placé au-dessus du Médecin Inspecteur et chargé de le contrôler, l'Inspecteur départemental joue un rôle considérable. Il serait à désirer que ce fonctionnaire fût un docteur en médecine, quoique ses fonctions multiples ressortissent plutôt à un administrateur qu'à un médecin.

Article 7. — **PROJET**

Contrôle de la déclaration.

Trop d'enfants échappent à la surveillance parce que les placements clandestins sont difficilement dépistés.

Nous pensons que pour mieux surveiller l'enfant surtout pendant les premiers mois de sa fragile existence on pourrait adopter une nouvelle méthode applicable au contrôle du placement et à cet effet nous proposons :

VŒU

Qu'après toute déclaration de naissance, il soit envoyé *chaque mois* par les soins de la mairie, au domicile des personnes intéressées à la déclaration un *questionnaire* mis sous enveloppe (affranchissement gratuit). Ces questionnaires, avec réponse lisiblement écrite, devront, sous peine de poursuites, faire mensuellement retour à la mairie jusqu'à ce que l'enfant ait atteint l'âge de six mois.

Toutes les mairies tiendront à la disposition des intéressés des exemplaires de questionnaires destinés au remplacement de ceux qui auraient pu être égarés.

Modèle de questionnaire.

Identité : Nom de l'enfant..... Prénoms..... Date de naissance....

Résidence : Adresse de la mère..... du père..... du tuteur légal ou répondant, adresse de l'enfant.....

Hygiène : Mode d'alimentation..... Allaitement au sein..... Mixte..... Artificiel.....

Date de la vaccination.....

L'enfant est-il en bonne santé..... Malade..... genre de la maladie...

ARTICLE 8. — **MODIFICATION**

Certificat d'admission de la nourrice.

Il est indispensable, à tous les points de vue, que le certificat constatant les aptitudes de la nourrice ainsi que l'état de salubrité de son logement ne puisse être délivré que par le médecin inspecteur de sa circonscription.

Actuellement tous les médecins peuvent délivrer ce certificat. La pratique a démontré que cette tolérance était trop grande et qu'il était nécessaire de la réglementer.

Le médecin inspecteur peut avoir des raisons sérieuses, sans que les causes en soient très apparentes, de rèfuser le certificat, et il ne peut être admissible que son autorité soit diminuée par le fait d'un confrère qui verrait cette nourrice pour la première fois. Il faut pouvoir éviter que les mauvaises nourrices se procurent un certificat de complaisance chez un médecin éloigné de leur domicile, étranger à la circonscription et au service même de la protection.

Pour les enfants nourris au sein, c'est le médecin inspecteur qui devra seul juger que l'enfant de la nourrice peut être sevré. Si cet enfant a 7 mois et n'est pas en état de santé suffisante pour supporter le sevrage, le médecin inspecteur aura le droit de faire prolonger l'allaitement.

Il ne suffit pas de constater les aptitudes nourricières de la nourrice. D'autres éléments doivent entrer en ligne de compte : la salubrité de l'habitation, les conditions hygiéniques permanentes ou passagères du village ou du hameau, le fait qu'il existe sous le même toit des personnes atteintes ou suspectes d'une maladie contagieuse transmissible, la façon dont la nourrice a soigné les nourrissons qui lui avaient été confiés antérieurement, l'exercice d'une profession plus ou moins salubre exercée soit par la nourrice, soit à son foyer, etc.

CONCLUSION

Que le *certificat d'admission de la nourrice* ne puisse être *délivré que par le Médecin Inspecteur* de sa circonscription.

ARTICLE 9. — OBSERVATIONS

Mêmes observations qu'à l'article 4 et concernant les motifs du retrait.

ARTICLE 10. — OBSERVATIONS

1° *Juges de paix.* — 2° *Maires et secrétaires de mairie.*

1° *Le juge de paix* est chargé de la vérification des registres des mairies. En pratique, cette vérification n'est presque jamais faite et ne sert à rien.

Il faudrait que cette vérification fût faite au siège des mairies. Comme aucune indemnité de déplacement ne leur est allouée, les juges de paix se font généralement envoyer les registres à domicile, au lieu de se rendre sur place.

Cependant le visa qu'ils apposent sur les registres de la protection de l'enfance est une garantie de la bonne tenue des écritures et c'est pourquoi il est désirable que ce contrôle soit fait effectivement.

2° *Le rôle du maire* est assez étendu ; il remplace à lui seul la Commission locale dans les communes où il n'en existe pas ; il peut enlever l'enfant à une nourrice et la remplacer d'office (décret du 27 février, 1877, art. 7). Il est en outre chargé de surveiller la tenue des registres de déclaration.

L'enregistrement des nourrissons, dont l'utilité a été simplement justifiée, est le point de départ de toute surveillance, soit administrative, soit médicale, sans compter que de son exactitude dépend la valeur des statistiques fournies, comme des raisonnements qu'on peut établir au vu de leurs résultats.

Mais la plupart des magistrats municipaux ignorent la Loi Roussel et se désintéressent de la question. Et puis, en surveillant les nourrices ils pourraient perdre des électeurs. On a pu constater que les avis de placement, de retrait de nourrissons, sont irrégulièrement ou tardivement envoyés. Les certificats des secrétaires de Mairie sont trop souvent mal rédigés.

Enfin, en août et septembre ou la mortalité infantile est plus forte, les secrétaires de mairie sont en vacances et ne peuvent, à ce moment utile, aider l'inspection.

La réalisation des vœux émis à l'article 4 (statistique), à l'article 7 (déclaration de placement) et à l'article 11 suivant, offrirait des éléments de contrôle qui présentement font défaut.

Article 11. — **PROJET**

Organisation des Consultations de nourrissons.

A cette organisation nous ajouterons une introduction qui, avec des renseignements datés et signés, aura pour but d'établir des relations constantes entre le médecin de la consultation, les parents et le service d'inspection.

VŒU

Toute nourrice, gardeuse ou éleveuse, inscrite au service d'une *Consultation de nourrissons*, devra recevoir, par les soins de la personne dirigeant le service, *un carnet numéroté*. Ce carnet sera muni de *feuillets à colonnes* avec titres indiquant leur objet. Une moitié des feuillets sera réservée au médecin de la consultation pour inscription : 1° dates des visites ; 2° poids, ration alimentaire (quantité nature) et 3° observations médicales. L'autre moitié sera réservée : 1° aux parents pour attestations des soins donnés par la nourrice ; 2° au service d'inspection à domicile pour observations générales notamment celles concernant l'hygiène et la propreté des locaux.

La présentation de ce carnet devra être exigée pour l'obtention des récompenses.

Article 12. — OBSERVATIONS

Rapport annuel.

Les Médecins Inspecteurs doivent tous envoyer à la fin de l'année leur rapport à l'Inspecteur départemental. Trop nombreux sont ceux qui se dispensent de cette tâche.

Le tableau suivant montre l'irrégularité et l'insuffisance des rapports que les médecins inspecteurs envoient au département.

DÉPARTEMENT	NOMBRE DE CIRCONSCRIPTIONS MÉDICALES	RAPPORTS NON ENVOYÉS OU INSUFFISANTS
Aube.	51	11
Eure.	79	26
Ardèche	28	9
Seine-et-Oise	173	33
Ardennes.	196	96
Charente-Inférieure	69	14
Hérault.	76	4
Meuse	41	24
Allier	60	15
Loir-et-Cher	40	0
Gironde.	62	9
Lot	43	6
Pyrénées (Hautes-).	49	35
Pyrénées-Orientales	41	2
Côtes-du-Nord	65	32
Morbihan	40	23
Loiret	90	4
Dordogne.	84	52
Cantal	32	15
Garonne (Haute-)	109	44

Il y a enfin beaucoup de Médecins Inspecteurs qui ne sont pas à la hauteur de leur tâche et ignorent complètement la puériculture.

OBSERVATIONS GÉNÉRALES

Dans la réglementation de l'élevage mercenaire, il n'est pas fait
mention des salaires auxquels les éleveuses peuvent prétendre. De là,
des abus et des marchandages lésant tantôt les intérêts des parents,
tantôt ceux des gardeuses. Très judicieusement, M. Ogier, Directeur
au ministère de l'Intérieur, a déjà proposé de fixer le taux des salaires
par zones. Dans un de ses remarquables rapports, M. Mathieu, Inspecteur Départemental, a dit notamment : « Dans le département de
Seine-et-Oise le prix demandé par les nourrices ordinaires pour recevoir les enfants parisiens diminue ces dernières années. »

MM. Mirman et Mathieu, par sollicitude vraiment maternelle, s'en
inquiètent, car « au moment où tous les prix augmentent, ils redou-
tent, disent-ils, que cette baisse de prix ne corresponde pas, malgré
tous leurs efforts, à une augmentation même du bien-être dont on
entoure les enfants ».

Autre point délicat et toujours préjudiciable à la santé de l'enfant.
En cas d'insolvabilité des parents, comment exiger de la nourrice de
sacrifier les intérêts de sa propre famille à ceux du petit étranger ?
On écrit, on menace. Le pensionnaire reste dépourvu du plus strict
nécessaire; il dépérit en attendant l'abandon complet à l'Assistance
publique.

La nourrice sait que la loi l'autorise à avoir recours aux offices de
l'Assistance judiciaire, mais effrayée par les ennuis et la perte de
temps que lui causeraient semblables démarches, elle renonce presque
toujours à ses droits.

Par contre, si les parents sont solvables et se montrent dociles aux
caprices de la gardeuse, celle-ci abuse de l'exploitation facile.

En ce qui concerne *la protection des enfants tombés malades en cours d'élevage*, les rouages de la loi sont pour la plupart inopérants:

Une règle de conduite n'est imposée ni aux parents, ni aux gardeuses.

Redoutant les remontrances, la gardeuse fait rarement appel au Médecin Inspecteur, qui connaissant la nature de l'enfant serait le mieux qualifié pour le soigner.

De plus, l'intervention du médecin, choisi au hasard, est toujours tardive parce que la nourrice redoute une dépense que les parents critiquent ou ne peuvent solder. Les abus et indélicatesses commis à l'égard des médecins sont innombrables. Les enfants indigents sont, il est vrai, admis à l'Assistance médicale gratuite. Mais en ce cas, la gardeuse est astreinte à des démarches, car la visite du médecin ne peut se faire que sur la réquisition du maire.

De tout cela, il résulte que dans la majorité des cas de maladie grave, la nourrice provoque un *retrait* et se débarrasse de l'enfant pour que son carnet soit vierge de décès. Ainsi le pauvre bébé subit un voyage au moment le plus critique de sa maladie pour être rendu à sa famille. Si la victime de ce procédé ne meurt pas à l'hôpital ou chez ses parents, son organisme affaibli en fait un candidat à la tuberculose ou un être incapable de résister aux maladies inévitables qui suivent celles du premier âge. Cette action dévastatrice, ne coûte-t-elle pas désespérément cher au pays? Ne doit-on pas tout tenter pour restreindre ces facteurs de morbidité et de mortalité?

Dans toutes ces lamentables circonstances, il nous semble que les commissions locales pourraient intervenir efficacement. Pour cela, elles devront agir d'accord avec les Consultations de nourrissons existantes ou à créer avec adjonction d'un service « Infirmerie temporaire », de cette manière serait organisé, et pour ainsi dire établi, un *Poste central de Contrôle de protection et de surveillance*. Peu à peu les familles s'adresseraient à ces Postes pour faire choix d'une éleveuse et les bureaux de nourrices disparaîtraient.

Pour réaliser ce projet, il faudrait renoncer au système des placements très isolés et ne pas trop éloigner les enfants de leur lieu d'origine. Ce sont les villes utilisant la femme à l'usine, à l'atelier, au magasin et dans les Administrations qui fournissent à l'élevage mercenaire sa plus grande clientèle. *Rapprocher le plus possible l'enfant de sa mère, en groupant les placements dans les campagnes qui environnent les grandes villes, c'est diminuer les risques de la séparation* et rendre plus possible l'exécution des prescriptions édictées par la loi.

C'est ce qui fut si bien compris par le professeur Grancher.

Pour le placement des enfants de son œuvre de la « Préservation de l'enfance contre la Tuberculose », enfants ayant besoin d'une surveillance médicale et morale continue, M. Grancher a voulu qu'au fur et à mesure des besoins, ces placements ne se fassent qu'au moyen *de foyers centralisant son service de protection.*

Au moment où on prône, avec juste raison, une hâtive extension des habitations à bon marché, il nous semble que la tâche serait facilitée si on donnait aux classes ouvrières la possibilité d'acquérir assez rapidement la propriété de leur maison, grâce à un salaire d'appoint qu'apporte la garde rétribuée d'un enfant. En propageant cette idée, les groupements des habitations à bon marché autour des grandes villes seraient plus promptement effectués.

Alors, suivant l'excellent exemple donné par le foyer ouvrier Versaillais, Société coopérative d'habitations à bon marché, pourront se former ailleurs qu'à Porchefontaine des Nids hospitaliers, c'est-à-dire des gardes familiales de nourrissons ayant pour *Poste de Contrôle, de protection et de surveillance* une Consultation de nourrissons, une infirmerie temporaire, un dispensaire, une laiterie maternelle et une école de mères-nourrices.

Avec l'ensemble des projets et observations présentés dans ce rapport, on arrive à la conception de *Centres d'élevage* qui seraient le plus sûr garant de la protection de l'enfance du premier âge.

VŒU

Toutes les fois que les besoins locaux l'exigeront ou le permettront (grandes villes possédant dans leur banlieue des groupements d'habitations salubres dites habitations économiques ou à bon marché, et transformables en maisons hospitalières pour la garde familiale de nourrissons) qu'il soit institué un CENTRE D'ÉLEVAGE avec :

1° *Asile ouvroir.* — Repos avant les couches.

2° *Asile de convalescence et d'allaitement.* — Hospitalisation prolongée pour filles-mères abandonnées allaitant leur enfant et bénéficiant des secours de l'Assistance publique. Limitation de séjour suivant les circonstances.

3° *Pouponnière.* — Pour allaitement au sein et pour allaitement mixte, jusqu'à l'âge de 3 mois, des enfants destinés au placement en nourrice (faculté de prolongation de séjour des enfants prématurés et débiles). Redevance des parents calculée au taux ordinaire du placement dans la région.

Les enfants de la Pouponnière élevés au sein, soit allaitement mixte par les mères hospitalisées de l'Asile d'allaitement, c'est-à-dire, tétées partagées entre leur propre enfant et le pensionnaire de la Pouponnière.

4° *Nids pour garde familiale* dans des habitations salubres ; élevage surveillé médicalement et moralement par un *Poste de Contrôle ;*

5° *Poste de contrôle, de protection et de surveillance,* comprenant :

a) Consultation pour nourrissons et femmes enceintes ;

b) Infirmerie temporaire (maladies du tube digestif) et Dispensaire ;

c) Laiterie maternelle (Contrôle du lait).

6° *Enseignement théorique et pratique de la puériculture :* 1° pour les mères nourrices ; 2° pour les élèves des écoles normales d'institutrices.

Nota. — La direction des divers services pourrait être confiée aux Médecins Inspecteurs.

Nota. — Ce projet Centre d'élevage peut se scinder, c'est-à-dire que le Poste de Contrôle (§ 5) peut servir à lui seul aux besoins édictés *par un Centre d'élevage.* En ce cas, il faudrait prévoir l'adjonction d'un service pour prématurés et débiles avec hospitalisation de quelques mères nourrices admises aux mêmes conditions que celles formulées au § 2 (Asile d'allaitement).

*
* *

Répondant au but qui nous a été assigné, nous nous sommes efforcés de présenter, dans ce rapport, des améliorations susceptibles de remédier aux désastreux effets dus à un élevage contraire à la loi de nature et aux progrès de la puériculture.

Nous espérons que les modifications proposées dans *nos conclusions* seront approuvées.

Quant aux vœux exprimés, ils se heurteront certainement à des critiques qui allégueront principalement des raisons d'ordre financier comme obstacle à la réalisation de nos projets.

A cet argument, dont nous reconnaissons et regrettons la valeur objective, nous répondrons :

1° Que suivant l'expérience tentée par le CENTRE D'ÉLEVAGE de Porchefontaine, on arrive à une organisation peu onéreuse en groupant et coordonnant des institutions aptes à vivre en partie sur leurs ressources propres (contributions financières apportées par les familles intéressées à l'élevage rationnel de leur enfant).

2° L'économie sociale prouve que tout être humain représente un capital. On est donc en droit d'affirmer que toute mort prématurée et toute cause d'altération de la race ont pour conséquence une diminution de productivité et de prospérité.

3° La disette des naissances contraindra certainement la France a faire en faveur du sauvetage de l'enfance et pour la paix nationale les mêmes sacrifices qu'elle a consenti en faveur des vieillards, et pour la paix sociale. Au surplus, il sera démontré que contrairement au vieillard, l'enfant n'absorbe pas le capital dépensé pour lui, puisque, à l'âge d'adulte, il rend ce capital productif d'intérêts s'élevant à 40 p. 100 d'après les calculs de M. Ch. Gide.

L'heure critique que nous traversons permet de rappeler la parole prophétique de M. Paul Strauss : « Un gain de la population vaut bien qu'on l'achète à prix d'or. »

Si pour sauvegarder les enfants, la société avait fait depuis vingt ans son devoir d'humanité et de prévoyance, elle serait actuellement mieux en mesure de fournir à l'armée les soldats qui lui manquent pour assurer la défense de la patrie.

Tableau comparatif de la Mortalité au point de vue pathologique des enfants protégés par la Loi de 1874 et des enfants élevés à la « Pouponnière de Porchefontaine » fondée par la Société Maternelle Parisienne.

GENRE DE LA MALADIE	(1) ENFANTS PROTÉGÉS (a-b)	ENFANTS ÉLEVÉS A LA POUPONNIÈRE	
—	ANNÉE 1909	ANNÉE 1909	ANNÉE 1910
Convulsions	747	1	0
Méningite	561	2	1
Bronchite	519	0	0
Broncho-pneumonie	676	0	0
Pneumonie	310	0	0
Diphtérie	55	0	0
Coqueluche	127	0	0
Athrepsie	743	0	0
Gastro-entérite	980	ª 0	0
Diarrhée	1081	0	0
Entérite	450	0	0
Débilité	630	2	0
Tuberculose	127	0	0
Maladies éruptives	142	0	0
Causes diverses	427	2	1
Causes non indiquées	718	0	0

Le rapport sur les enfants protégés par la Loi de 1874 ne fait pas mention *des retraits* effectués pour cause de maladies. Rares sont les enfants inscrits au service de la Protection dans les premiers jours qui suivent la naissance.

a) A la Pouponnière aucun retrait effectué pour cause de maladies. Les enfants malades sont gardés et soignés sans supplément de frais dans un pavillon isolé et les parents sont autorisés à voir leur enfant malade chaque jour.

b) A la Pouponnière tous les pensionnaires sont inscrits avant la

(1) Renseignements puisés dans le rapport au Président de la République sur l'exécution de la Loi du 23 décembre 1874 relative à la protection du premier âge en 1909.

naissance et admis sans sélection aucune ; le règlement exige qu'ils soient reçus à l'établissement dans les 12 ou 24 heures qui suivent la naissance.

Nota. — *Les statistiques de la Pouponnière* peuvent être contrôlées à la Mairie de Versailles où tous les Pensionnaires sont inscrits, et de plus, elles sont vérifiées et établies scientifiquement par les soins de la Direction générale de la statistique de France au Ministère du Travail.

Cette statistique porte sur les décès constatés chez les nourrissons parisiens et ceux de la Pouponnière de Porchefontaine.

Nous devons insister, tout particulièrement, sur ce fait très important que la mortalité de la Pouponnière de même que la morbidité sont nulles en ce qui concerne les affections broncho-pulmonaires et gastro-intestinales. De même, *aucune* morbidité et *aucune* mortalité pour affection contagieuse : diphtérie, coqueluche, tuberculose, etc., ou par fièvres éruptives.

CONCLUSIONS ET VŒUX

Article premier. — *Vœu*. — Que pour tout placement en nourrice, et avant le voyage il soit exigé un certificat médical attestant la bonne santé de l'enfant.

Article premier. — *Conclusion*. — Tout enfant, âgé de moins de deux ans, placé en nourrice, sevrage ou en garde, hors du domicile de ses père et mère ou tuteur légal, devient par ce fait l'objet d'une surveillance de l'autorité publique, ayant pour but de protéger sa vie et sa santé.

La même surveillance s'applique à tout enfant dont la mère a bénéficié de l'assistance médicale gratuite ou de l'assistance Maternelle.

Art. 2. — *Conclusion*. — Que si l'on fait revivre les Commissions locales, les médecins Inspecteurs en fassent partie de droit et non plus avec voix consultative.

Art. 4. — *Vœu*. — Que la statistique détaillée de la Mortalité infantile soit complétée par la statistique de la Morbidité des enfants retirés en cours d'élevage aux nourrices éleveuses ou gardeuses. Qu'il soit, de ce fait, ajouté au Carnet de la Nourrice un feuillet indiquant la date d'entrée et de sortie du service ainsi que le motif du retrait.

Art. 7. — *Vœu*. — Contrôle de la Déclaration : Qu'après toute déclaration de naissance, il soit, chaque mois, envoyé par les soins de la Mairie au domicile des personnes intéressées à la déclaration, un questionnaire mis sous enveloppe (affranchissement gratuit). Ce questionnaire, avec réponse lisiblement écrite devra, sous peine de poursuites, faire mensuellement retour à la Mairie jusqu'à ce que l'enfant ait atteint l'âge de six mois.

Toutes les Mairies tiendront à la disposition des intéressés des exemplaires destinés aux remplacements de ceux qui auraient pu être égarés.

Art. 8. — *Conclusion.* — Que le certificat d'admission de la nourrice ne puisse être délivré que par le Médecin Inspecteur de la Circonscription.

Art. 11. — *Vœu.* — Toute nourrice, gardeuse ou éleveuse, inscrite au service d'une consultation de Nourrissons devra recevoir par les soins de la personne dirigeant le service : un *Carnet numéroté* portant indications sur : Courbe de Poids, Mode d'alimentation, etc.

Ce carnet sera muni de feuillets à colonnes, avec titres indiquant leur objet. Une moitié du carnet sera réservée au médecin de la Consultation, l'autre moitié sera réservée aux parents et au service d'Inspection à domicile.

Vœu. — Qu'il soit organisé des Conférences populaires dans les Mairies et dans les Maternités (aux nouvelles accouchées).

Vœu. — Toutes les fois que les besoins locaux l'exigeront ou le permettront (grandes villes possédant dans leur banlieue des groupements d'habitations salubres dites habitations économiques ou à bon marché).

Qu'il soit institué un Centre d'Élevage avec :

1° Asile ouvroir. Repos avant les couches ;

2° Asile de Convalescence et d'Allaitement (Hospitalisation des mères abandonnées allaitant leur enfant);

3° Pouponnière. Élevage d'enfants à l'allaitement mixte par les mères hospitalisées de l'Asile d'Allaitement;

4° " *Nids* " pour garde familiale dans des habitations salubres ;

l'élevage surveillé médicalement et moralement par un *Poste de Contrôle* ;

5° Poste de Contrôle de Protection et de Surveillance comprenant :

a) Consultation pour nourrissons et femmes enceintes ;

b) Infirmerie temporaire (maladies du tube digestif) et Dispensaire ;

c) Laiterie maternelle (contrôle du Lait) ;

d) Enseignement théorique et pratique (Puériculture) pour :

1° Les Mères-nourrices ;

2° Les élèves des Écoles Normales d'Institutrices.

NOTA (1). — La Direction des divers services pourrait être confiée aux Médecins Inspecteurs.

NOTA (2). -- Le projet *Centre d'Élevage* peut se scinder, c'est-à-dire que le Poste de Contrôle (§ 5) peut satisfaire à lui seul aux besoins édictés par un Centre d'Élevage.

TOURS, IMPRIMERIE E. ARRAULT ET Cⁱᵉ